Hermann Multhaupt

Musik,
nur Musik

Hermann Multhaupt

Musik, nur Musik

Anekdoten & Episoden
aus dem Leben von
Anton Bruckner

benno

Inhalt

Bruckners Geburtshaus im oberösterreichischen Ansfelden

In Ansfelden

Frömmigkeit, Demut und Bescheidenheit hießen die Regeln, die in Anton Bruckners Elternhaus in Ansfelden bei Linz herrschten, wo der kleine Anton am 4. September 1824 als erstes von zwölf Kindern des Dorfschullehrers Anton Bruckner (1791–1837) und seiner Frau Theresia, geb. Helm (1801–1860) geboren wurde. Ursprünglich gehörte das Dorf zum Herzogtum Bayern, seit 1156 jedoch zum neuen Herzogtum Österreich. Seit 1490 wurde es dem Fürstentum Österreich ob der Enns zugerechnet. Wenige Jahre vor Bruckners Geburtstag hatten Hilfspfarrer Joseph Mohr sowie der Hilfslehrer und Komponist Franz Xaver Gruber in der Nikolauskirche in Oberndorf das Weihnachtslied „Stille Nacht" zum ersten Mal erklingen lassen.

Musikalischer Säugling

„Bist ja doch immer eine Ausnahme unter uns Geschwistern gewesen", meinte Anna Maria, genannt Nani, die Lieblingsschwester Anton Bruckners. „Musikalisch warst du schon als Säugling. Weil dein Dickkopf sich nicht beruhigen ließ, habe Vater dir auf dem wurmstichigen

Spinett ein paar Akkorde vorgespielt, hat er erzählt, und schon seist du ruhig gewesen."

„Auf aner kloan rotn Kindergeign" spielte der vierjährige Anton dem Pfarrer vor und erntete ein Obstgeschenk dafür. „Aber in d'Schul bin i nia gern ganga", entsann sich Anton noch im Alter. Er sprach gern steirischen Dialekt. Dafür sang er lieber mit klarer Sopranstimme im Kirchenchor.

Die Sündenliste

Er, Bruckner selbst, empfand sich als unfertig mit dickem, rosigem Kopf. Kein Schönheitsideal. Als habe Gott die letzten Schöpfungsstriche an ihm verpasst, vergessen, weil er vielleicht schon einen anderen Menschen im Blick hatte.

Möglicherweise das „erste Flämmchen", das seine keusche Liebe als Schulbub erregt hatte, war ein Bauernmädchen. Mit elf Jahren musste Anton nämlich seinen abwesenden Vater im Schulunterricht in Ansfelden gelegentlich vertreten, wenn er die jüngsten Schulkinder zu beaufsichtigen und ihre Streiche zu dokumentieren hatte. Mit heiligem Ernst schrieb er die Namen der Schuldigen an die Tafel. Nur den Namen eines kleinen Bauernmädchens fand man nie unter den Übeltätern.

„Wer hohe Türme bauen will,
muss lange beim Fundament verweilen."

Anton Bruckner

„Eigentlich habe ich, was meine Freunde
jetzt ‚groß' nennen, nur fertiggebracht,
weil ich von Jugend an Ehrfurcht gehabt habe
vor allem Echten und Heiligen."

Anton Bruckner

Das brachte Bruckners jüngste Schwester Sali so in Rage, dass sie absichtlich Unruhe stiftete – und ebenfalls auf der Sündenliste erschien. Der Vater ließ bei ihr so wenig Gnade walten wie bei den anderen Unruhestiftern, weshalb sie sich fortan krank stellte, wenn der Bruder wieder die Aufsicht führte.

Erstes Präludieren

Bei einem Besuch in St. Marienkirchen durfte der 13-jährige Anton Bruckner erstmalig eine „Messe" von Josef Preindl auf der Orgel begleiten. Er konnte zum Erstaunen der Zuhörer schon bemerkenswert „präludieren". Er fühlte sich ganz in seinem Element und seine Spielfertigkeit nahm höchste Formen an. Mit der Orgel fühlte sich der junge Künstler wie verheiratet. Sein Violinlehrer beklagte sich eines Tages eher scherzhaft: „Jetzt gib i dem Sackara alleweil auf der Violin Unterricht und auf einmal is a fermer Organist draus wordn."

*Die Liebe zur Orgel begann früh
für den jungen Anton Bruckner*

Orgel: „gut"

Mit sechzehn Jahren widmete sich Anton Bruckner ganz dem Orgel-spiel. Die Prüfungen in der Lehrerbildungsanstalt in Linz 1840/1841 absolvierte er mit gutem Erfolg, aber im Orgelfach erhielt er am 30. Juli 1841 bei der Öffentlichen Musikprüfung „nur" ein „gut". Das konnte Bruckner seinem strengen Professor Dr. Martin Dürnberger nicht verzeihen und es kränkte ihn zeitlebens, auch wenn er ihm 1845 nahelegte, ihm bei der Schlussprüfung für Oberlehrer an Hauptschulen ein schwieriges Thema im Orgelspiel aufzuerlegen. Der Lehranwärter meisterte das Improvisationsspiel mit Bravour, sodass der überraschte Dürnberger seinem Schüler mit Freude ein „sehr gut" ins Prüfungs-zeugnis schrieb. Dem großen Komponisten Giuseppe Verdi hatte man übrigens bei der Aufnahmeprüfung in die Musikhochschule Mailand ein „vollkommen unmusikalisch" attestiert.

Von früh bis spät

Während die Orgel noch schlief, fand der junge Schulgehilfe Bruck-ner im Flecken Windhaag an der Maltsch im abgelegenen Mühlviertel seine erste Anstellung. Seine stete Kirchennähe führte dazu, dass er im Sommer um vier, im Winter um fünf Uhr aus den Federn musste, um den Tag einzuläuten. Dann assistierte er dem Pfarrer beim Ankleiden der liturgischen Gewänder, ministrierte, weckte die Orgel aus ihrem Schlaf, unterrichtete die Kinder und begleitete den Priester auf Versehgängen mit Laterne und Glöckchen. Nach der Schule ging's ins Heu, es wurde geackert, gedroschen, Erdäpfel (Kartoffeln) ausgegraben, schließlich abends „zum Gebet geläutet" und noch einmal zur Nachtruhe gegen 21 Uhr „den Huß ausläuten".

Sturzgefahr

Zu Bruckners Aufgaben als Schulgehilfe gehörte auch das „Angschirren". Das bedeutete nicht nur, das Pferd in die Deichsel des Wagens zu bugsieren und ihm Seile oder Ketten anzulegen, sondern auch den Pfarrer für den Gottesdienst anzukleiden, Einmal passierte Anton Bruckner das Missgeschick, dass er das Messgewand verkehrt herum präsentierte, sodass der Pfarrer den längeren Teil vorn trug. Da blieb es nicht aus, dass der Geistliche auf den Altarstufen auf den Saum trat, ins Stolpern kam und mit dem Allerheiligsten um ein Haar hingefallen wäre. Eine saftige Ohrfeige nach der hl. Messe war die Konsequenz. Anton Bruckner konnte seinen Fehler lange nicht verwinden.

Brennsuppe und „Gselchts"

Zum Frühstück aß Anton Bruckner die landesübliche „Säursuppen", eine Saure-Milch-Speise, die zusammen „mitn Mensch", der Stallmagd, einverleibt wurde. Mittags kam für alle „Hausleute" (Dienstboten) „Brennsuppe" auf den Tisch, Hirsebrei mit Kraut oder aus Mohnnudeln, manchmal auch aus Mehlknödeln. Sonntags gab es Rindfleisch mit Kren (Meerrettich), sonst schon mal „Gselchts" (Rauchfleisch) mit Kartoffeln und Kraut. Bruckner schätzte leibliche Genüsse und schmähte „dreimal aufgewärmtes Kraut zum Nachtmahl". „Herrgott, wan i dös nur nimmer esse müasset", stöhnte er einmal. Wenn er innerlich ruhig war und sich wohlfühlte, benutzte der Meister wie alle Landsleute den Dialekt, Hochdeutsch meist nur bei offiziellen Anlässen.

Als Kind lernte Anton Bruckner Violine,
Klavier und Orgel spielen

Fiedeln im Wirtshaus

„Ich kann mich erinnern, wie du als Volksmusiker dein karges Gehalt aufzubessern versuchtest", erinnerte sich Antons Schwester Nani. Das hatte der Vater der beiden auch schon getan. In Windhaag fielen dem Spielmann an einem Tag mehr Gulden zu, als er als Schulgehilfe in einer ganzen Woche verdiente. „In an Suntag hab i halt mein Musi (Geige) unter d`Irxen (Achsel) gnumma und bin ins Wirtshaus ganga fideln!" Das war kein leichtes Brot, zumal der Schlaf die ermüdeten Musiker übermannte. „Spielleut, ös Lumpen, sads net so fäul!", bekamen sie schon mal zu hören. Als sie Wintertags ein Brautpaar von der Kirche zurück ins Wirtshaus begleiteten, froren Anton und den anderen Musikern im Schneegestöber die Finger steif. Als er seine Geige abgesetzt hatte, rief der Brautführer ihm „Gauner!" zu. So etwas vergisst man nicht.

Strafversetzt

Einmal saßen am späten Abend der Herr Pfarrer, der Herr Schulmeister, der Bader und der Kramer beim „Oberen Wirt" in Windhaag am Stammtisch beisammen, als der Pfarrknecht in die Wirtsstube polterte

Die Pfarrkirche hl. Bartholomäus und hl. Katharina in Kronstorf an der Enns, wo Bruckner 1843 bis 1845 während seiner Lehrtätigkeit Organist war

und rief: „Im Freidhof (Friedhof) geht's um! Es spukt!" Die Honoratioren fassten sich ein Herz und liefen zum Gottesacker. Zwischen den Gräbern bewegten sich gespenstisch kleine Lichter. Bald war der Verursacher des Streiches ausgemacht: Bruckner hatte einem Dutzend Krebse brennende Wachsstockkerzen auf den Rücken geklebt und sie freigelassen. Ein schauriger Anblick!

Der Schulgehilfe Bruckner wurde bald darauf strafversetzt. In Kronstorf an der Enns, einem kleinen Ort in der Nähe von Steyr, bestand Anton Bruckner 1845 die Prüfung zum staatlich anerkannten Lehrer. Im Vergleich zu Windhaag fühlte er sich in Kronstorf sehr wohl.

„Klavierpempern" und Orgelunterricht

Bruckners Wirtin, die alte Frau Lehofer, musste ihren Untermieter zuweilen vom Klavier wegjagen, weil sie sich im Schlaf gestört fühlte. Aber das erging auch anderen Einwohnern des Ortes so. „Aber um Gottswilln, Herr Bruckner, hörn S 'do endling amal auf mit dem Klavierpempern und gengan S' ins Bett." Das hielt er nicht lange durch. „I hab mi halt nett derhalten kinna!"

Anton Bruckner erhielt Orgelunterricht beim Komponisten, Pädagogen und Organisten Leopold von Zenetti. Der Unterricht bei ihm war mit dreimal wöchentlich ziemlich intensiv. Als Schwerpunkt der

Ausbildung galt mehr die Musiktheorie als die Praxis. Harmonielehre und Generalbass waren die Hauptfächer. In dieser Zeit begann der Schüler Bruckner für den vierstimmigen A-capella-Männerchor zu komponieren.

Musikalischer Heißhunger

Von Kronstorf aus kam Anton Bruckner häufig nach St. Florian. Hier fand er sangesfreudige Männer, deren Stimmen so wohlklingend waren, dass er beschloss, in seiner Wahlheimat ein vierstimmiges Quartett zu gründen, in dem er den ersten Bass sang. „Ich schwärmte von erhabener Kirchenmusik und großartigen Symphonien", dachte Bruckner später, „und mein öffentlicher Auftritt begann als Gesangshumorist." Zu Hause spielte er auf einem minderwertigen Klavier die Präludien und Fugen von Johann Sebastian Bach und konnte nicht aufhören. In musikalischem Heißhunger vergaß er sogar das Frühstück, und abends war er nicht ins Bett zu kriegen vor Begeisterung für die Musik. Saß Bruckner später im Stift St. Florian an der Orgel, so fand er beim Präludieren zuweilen kein Ende und gefährdete den Ablauf des Gottesdienstes. Dann wusste der Dirigent Traumihler den Organisten zum Schweigen zu bringen, indem er ihm mit dem Taktstock tüchtig auf die Finger klopfte.

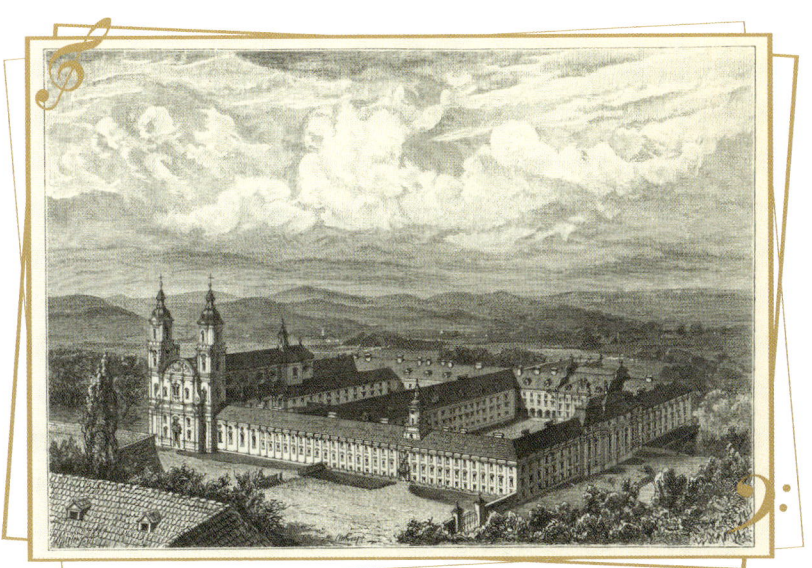

*Im Stift St. Florian erhielt Anton Bruckner seine erste
musikalische Ausbildung und wurde später Hilfslehrer*

Unerhörte Liebeslieder

Anton Bruckner dachte daran, sich zu verehelichen. Seine Angebetete war Aloisia Bogner, die Tochter des Schulmeisters von Sankt Florian. Wie imponiert ein Komponist und Organist einer angebeteten Frau? Er widmete ihr Liebeslieder und offenbarte in ihnen seine Gefühle. Heimlich steckte er seine Kompositionen der Angebeteten ins Fenster. Doch statt sich auch wörtlich zu offenbaren, schrieb er nur, sie möchte ihm „gut" sein. Eine Weile mochte das gut gehen, doch dann nahm er sich zusammen und bekannte: „Wann Sie meine Frau werden möchten, tät i Ihna einsperren!" Wie, bitte? Der unbeholfene Freier hatte gemeint, er wolle sie wie „einen Augapfel hüten". Doch das Missverständnis kam nicht mehr aus der Welt. Die Abfuhr: „Da mag i Eahna nimmer" war allzu deutlich.

Ganz melancholisch

Nach Jahren begegnete Anton Bruckner Aloisia als Frau eines anderen in St. Florian wieder. Er ging unbekümmert auf sie zu und lächelte: „Sie san meine erste richtige Flamme gwesen." Das klang lustig, riss jedoch eher alte Wunden auf. In jenem Jahr hatte sein Cousin, Freund

Stift St. Florian auf einer Ansichtskarte um 1918

und erster Lehrer Johann Baptist Weiß Selbstmord begangen. Bruckner scheute sich, lukrative Angebote als Organist anzunehmen; er fühlte sich unsicher. In einem Brief an Hofkapellmeister Ignaz Aßmayr in Wien vom 30. Juli 1852 heißt es über seine Gemütslage: „Ich habe hier keinen Menschen, dem ich mein Herz öffnen dürfte, werde auch in mancher Beziehung verkannt, was mir heimlich oft schwer fällt. Unser Stift behandelt Musik und Musiker ganz gleichgültig ... ich kann hier nie heiter sein und darf von Plänen nichts merken lassen." Und schon am 19. März hatte er seinem Freund Josef Seiberl in St. Marienkirchen geschrieben: „Ich sitze immer arm und verlassen ganz melancholisch in meinem Kämmerlein."

Eine heimliche Bewerbung

1855: Mit der Position als Hilfsorganist und Hilfslehrer war Anton Bruckner zunehmend unzufrieden. Wie ein Diener am Dienertisch zu essen, während die anderen höheren Orts schmausten, passte ihm allmählich nicht mehr. Die Mutter beruhigte ihn zwar, er möge mit seiner Position zufrieden sein, doch eines Tages bewarb er sich heimlich um den Posten des Domorganisten in Olmütz. Seine Eigenmächtigkeit ließ ihm keine Ruhe, und so ging er zum Prälaten Mayr beichten. „Was? Zu den Tschechen willst gehen? Augenblicklich hilfst mir, die Schuh anzuziehen. Und willst noch einmal etwas ohne mein Wissen tun?" Die Bewerbung blieb erfolglos. So gemaßregelt verzichtete Anton Bruckner auf die Organistenstelle, die schnell unter der Hand einem Protektionskind angedient wurde.

Auf nach Linz!

Am 13. November 1855 erschien der Orgel- und Klavierstimmer Alfred Just in Sankt Florian und war nicht wenig erstaunt, Bruckner hier vorzufinden, sollte doch am gleichen Tag über den Organistenposten im Linzer Dom entschieden werden. Der eingeschüchterte Bruckner hatte sich erst gar nicht getraut, sich auf die Ausschreibung hin zu bewerben. Just brachte der nächste Wagen den begabten Orgelspieler nach Linz. Hier galt der erste Besuch seinem strengen Professor Dürnberger, dem Vorstand der Prüfungskommission. Der führte seinen ehemaligen Schüler direkt in die Ignatiuskirche, wo Bruckner mit dem gestellten Orgelthema brillierte und alle Mitbewerber aus dem Feld schlug. „Du bist der Tod aller", lautete das Urteil eines Kollegen. Der Abt von St. Florian stimmte dem Ortswechsel zu.

*Im Alten Dom zu Linz wurde Bruckner
1855 Domorganist*

Ein Versprechen

Bischof Franz Rudigier von Linz war zwar ein frommer Diener Gottes, aber auch ein streitbarer Mann. Wurde er von Sorgen geplant, so ließ er Bruckner rufen. „Ich brauche mal wieder eine Kur. Es steht mir viel Ärger ins Haus und ich benötige einige ruhige Momente. Gehen's, spielen Sie mir auf der Orgel etwas nach Ihrem Belieben. Dann wird's mir wohler." Einmal, nach einer langen Sitzung, als er sich erhoben und getröstet sah, ergriff er Bruckners Hände, sah ihm tief in die Augen sagte: „Ich ahne, wie ich mich Ihnen dankbar erweisen kann. Wenn Sie damit einverstanden sind, sollen Sie nach Ihrem Tode unter der Orgel Ihre Grabstätte finden." So geschah es, doch war es nicht unter der Linzer, sondern unter der Florianer Orgel, wo man Anton Bruckner am 11. Oktober 1896 zur letzten Ruhe bettete.

Neun Abfuhren

Manchmal wird sich Anton Bruckner gefragt haben, weshalb die geschätzte Damenwelt nichts von ihm wissen wollte und stattdessen anderen Bewerbern den Vorzug gab. Seine Musik wurde allgemein anerkannt, zumal er sich mit der Zeit auch an größere Werke wie Messen,

Oratorien und Symphonien wagte. Neun Heiratsanträge habe er insgesamt gemacht, neun Symphonien Leben eingehaucht, obgleich die letzte nicht ganz vollendet war. An seiner Kunst konnte es also nicht liegen. Doch vielleicht an seiner Statur, an seinem Aussehen? Seine Schwester Nani wagte er nicht zu fragen. Die war ja froh, dass sie in seiner Nähe ein relativ freies, ja auch dominantes Leben führen konnte, und eine Verheiratung ihres Bruders hätte sie ihres Postens beraubt.

„Pfui Teufel"

Einmal war es eine schöne, zarte, blonde und gescheite Linzerin, die Anton Bruckner entzückte und seinen musikalischen Einfällen und Variationen auf dem Piano begeistert lauschte. Sie wusste die Kunst ihres Verehrers durchaus zu schätzen, sonst hätte sie ihm nicht stundenlang zugehört. Sie erbat von ihm manche musikalische Skizze, auch Entwürfe zu größeren Kompositionen und war offenbar glücklich damit. Bruckner fühlte sich im siebten Himmel. Doch eines Tages offenbarte sie ihrem Verehrer: „Ich werde demnächst einen wohlhabenden Linzer Bürgersohn heiraten." Anton Bruckner fiel aus allen Wolken. Er erhob sich, knallte den Klavierdeckel zu und rannte zur Tür. „Pfui Teufel", rief er und verließ das Haus. Hier wurde er nie mehr gesehen.

*Ein Teil des Linzer Domfensters mit den Darstellungen
von Bruckner und Beethoven*

Keine Lust auf Mode

Anton besah sich kritisch im Spiegel. Was ihm da entgegentrat, war alles andere als ansehnlich: Sein gedrungener Körper steckte in übergroßer Kleidung. Sah er nicht aus wie ein Bauer? Nichts gegen Landwirte – aber redete er nicht auch wie sie? Seine Sprache ein plumper Dialekt, der niemanden vom Stuhl riss. Auf so ein Geschwafel fiel auch das gutmütigste Maidel nicht herein. Manchmal besuchte Bruckner seinen Vöcklabrucker Schwager, den Stadtgärtner Johann Nepomuk Hueber, der mit seiner Schwester Rosalia verheiratet war. Ob er sich mit ihm über seine Ungeschicklichkeit beim Werben ausgetauscht hat, ist nicht bekannt. Ja, auf modisches Aussehen legte Anton keinen Wert. Er weigerte sich, an sich Maß nehmen zu lassen, ließ neue Kleidung einfach nach dem Muster der alten anfertigen.

Anton Bruckner, um 1855

Blick auf Linz, um 1830

Vergebliche Mühe

Bruckners Kleidung musste bequem sein, seiner Leibesfülle gemäß. Ein breitkrempiger Schlapphut saß auf seinem glatt geschorenen Cäsarenschädel. Zu dem dunklen Lodenanzug mit bis auf die Knöchel reichenden überweiten Beinkleidern gehörten Halbstiefel aus Seehundsleder. Von dieser Tracht wollte sich ihr Besitzer nicht trennen. Guten Freunden gelang es zwar, heimlich das Messband an ihm auszurichten, und ein Wiener Schneider setzte alles daran, beste Anzüge nach neuestem Schnitt anzufertigen, doch dieses Weihnachtsgeschenk verschmähte Bruckner und blieb bei seinem Zwirn. Von „neumodischem Ginkerlwerk" hielt er nichts, er entfernte sogar die steifen Bügelfalten, indem er sie im Wasser aufweichte, und dann hat er „die viel z'langen Hosen unt' abgeschnitten".

Die „Liedertafel Frohsinn"

Linz erfreute sich an Anton Bruckner als Chormeister der „Liedertafel Frohsinn". Er war sicher das berühmteste Mitglied in der hundertjährigen Chorgeschichte, auch wenn er keine schöne Stimme besaß und beim „zweiten Tenor" mitwirkte. Das war als Knabe in Sankt Florian noch anders gewesen; hier verfügte er noch über einen schönen Sopran. Atmung, Aussprache – darauf kam es ihm an. „I hör kann Bass net!", jammerte er. Und auch das Piano wollte nicht so klingen, wie er es sich wünschte: „Dös klingt alleweil no wiar a Trompeten!" Erfolge feierte Bruckner mit seiner „Liedertafel Frohsinn" in Krems, wo sich am 29. und 30. Juni 1861 die deutschen Gesangsvereine Österreichs zu einem ersten großen Treffen trafen, sowie beim Deutschen Sängerbundfest in Nürnberg im selben Jahr, wo sich deutsche Gesangsvereine aus aller Welt zum friedlichen Wettstreit einfanden.

Ein schrulliger Lehrer

Anton Bruckner war ein stets Lernender. Konservatorien konnte er nicht besuchen. Vieles brachte er sich im Laufe der Zeit selbst durch Erfahrungen und Experimente bei. Das zeigte sich zum Beispiel in Wien, wo er ein gewissenhafter Lehrer in Musiktheorie und praktischem Orgelspiel war. Auf eigenen Wunsch hatte er hier am 22. November 1861 die Lehramtsprüfung aus Harmonielehre und Kontrapunkt abgelegt. Die Prüfungskommission bekannte anschließend: „Er hätte uns prüfen sollen." Bruckners Unterricht war stets humorvoll. Seine Schüler nahmen seine Eigenarten hin, sie gehörten gleichsam zu seinem Lehrstil, der durch schrullige Einfälle geprägt war. „Sie

Strumpf" oder „Sie Strumpfbandl" titulierte er seine Schüler. Lachte jemand dazu, so führte er ihn vor die Tür zum „Hinausstehen", eine milde Strafe für dessen Unverfrorenheit.

Ja, wenn das so ist …

Wehrte sich einmal ein Schüler Bruckners gegen die Strafe des „Hinausstehens", so konnte der Lehrer ihn trösten: „Ah was, stellen S' Ihna aussi, der Felixl hat ah draus gstanden!" Felix Josef Mottl war ein bekannter österreichischer Komponist und Organist. Manchmal konnte Anton Bruckner allerdings auch recht ausfällig werden. So putzte er einen Schüler, der an einer bestimmten Stelle auf der Orgel stets falsch spielte, herunter. Der war so zerknittert, dass er erwiderte: „Ach, Herr Professor, wie können Sie nur so mit mir schreien, mit einem verheirateten Menschen?" Darauf der Meister betreten: „Des hab ich ja gar net g'wusst. Warum habm S' des net schon früher g'sagt?" Und wieder ganz versöhnt: „Wie geht's denn der gnädigen Frau Gemahlin?"

Versuchte Verbesserung

Als die Wiener Philharmoniker zum ersten Mal eine Sinfonie von Bruckner unter dem bekannten Dirigenten Hans Richter probierten, stutzte der Komponist an einer bestimmten Stelle. „Aber was spieln S' denn da. Das habe ich ja gar nicht g'schrieben." Darauf gestand Richter, er habe diese Stelle verändert, sie klinge so jetzt besser. „Was, verändert hast du?", rief ihm Bruckner entgegen. „Lausbub!" – Anton Bruckner war ein Komponist mit einer unverwechselbaren Klangsprache: dunkel glühend, überwältigend schön, aber auch energisch und innovativ. Für die Berliner Philharmoniker ist diese Musik seit über hundert Jahren Teil ihrer künstlerischen Identität.

Der Beginn seiner 5. Sinfonie B-Dur in Bruckners Handschrift

Begegnung mit dem Erzherzog

Der Vater des letzten österreichischen Kaisers Karl, Erzherzog Otto, verbrachte seine Militärzeit in den 1860er-Jahren in Wels als Offizier. Er war als Schönling bekannt, von den Frauen vergöttert und daher auch sehr von sich eingenommen. Bei einem Spaziergang begegnete ihm Anton Bruckner, der seinen Hut in der Hand trug. Der Erzherzog wandte sich an den Organisten und Komponisten und sagte herablassend: „Aber bitte, setzen Sie den Hut doch auf!" Bruckner gab ihm ehrlich zur Antwort: „Aber kaiserliche Hoheit, wegen Ihna hab i den Huat ja gar net abggnumma, mir war ja nur so hoaß."

Katzenjammerstil

Die Wiener Kritik ging mit Anton Bruckner oft sehr unsanft um. Eduard Hanslik, ein einflussreicher österreichischer Musikkritiker, konnte es nicht unterlassen, ihn gegen Johannes Brahms auszuspielen. Als Bruckner sich beim Kaiser Franz Joseph für den „Franz-Joseph-Orden" bedankte und der Monarch fragte, ob er ihm noch einen Wunsch erfüllen könne, gab er nach kurzem Bedenken die Antwort: „O ja, Majestät – wenn S' mir da helfen könnten: Der Hanslik sekiert (belästigt)

*Otto Franz Joseph von Österreich, auch bekannt
als „der schöne Erzherzog"*

mich halt gar so viel …“ Doch als voreingenommener Kritiker musste Hanslik irgendwann zugeben, dass Bruckners Musik beim breiten Publikum zunehmend beliebter wurde. „Es ist nicht unmöglich, dass diesem traumverwirrten Katzenjammerstil die Zukunft gehört – eine Zukunft, die wir darum nicht beneiden.“

Hindernis auf der Treppe

Der österreichischer Musikkritiker, -schriftsteller und Jurist Karl Kobald schrieb über die gemeinsame Zeit mit Anton Bruckner: „Noch erinnere ich mich, wie ich ihm zum ersten Mal als Kind auf jener schmalen historischen Stiege begegnete, über die seit Jahrhunderten fast alle berühmten Musiker Österreichs, von Fux, Gluck, Saheri, Mozart, Franz Schubert bis Herbeck, Hellmesberger, Hans Richter geschritten sind. Es war an einem Sonntagvormittag. Wir Sängerknaben stürmten die alte, enge Treppe hinauf. Da stand Anton Bruckner, mit seinem blauen, großen Sacktuch den Schweiß von der Stirne trocknend, mit seiner Körperfülle die ganze Breite der Treppe einnehmend, als Hindernis vor uns. Wir Jungen wollten rascher oben sein und versuchten, schnell an ihm vorbei zu stürmen. Aber schon wendete er sich mit lautem, unverfälschtem oberösterreichischem Dialekt gegen uns. ‚Und grüaßen kennts a net, Hauawachln, wüssts vielleicht net, dass der Anton Bruckner vor euch steht?‘“

Der Stephansplatz in Wien um 1860,
Aquarell von Richard Moser

Anton Bruckner an der Orgel

Beleidigung mit der Orgel

An den Gottesdienst mit Bruckner erinnerte sich Karl Kobald so: „Es wurde damals die Krönungsmesse von Mozart aufgeführt. Hellmesberger dirigierte, Gustav Walter und Rokitansky sangen das Tenor- und Bass-Solo, Bruckner spielte die Orgel. Während der Wandlung präludierte Bruckner; er begann wie gewöhnlich ein freies Thema, variierte es, die Orgel brauste mächtig durch den kleinen Kapellenraum. In Träume versunken, schien sein Spiel kein Ende nehmen zu wollen. Hofkapellmeister Hellmesberger winkte mit seinem langen, spitzen Dirigentenstab gegen die Orgel, dazu wie immer voll Witz die Worte sprechend: ‚Die Merker unten werden halt wieder was zu nörgeln haben. Heut' beleidigt er mit der Orgel d'heilige Maria.'"

Von der Kette gelassen

1862 und 1863 unterwies der Theaterkapellmeister Otto Kitzler aus Linz Anton Bruckner in Orchestrierung und Formenlehre. Bevor Kitzler nach Brünn verpflichtet wurde, sprach Bruckner ihn an: „Wann werde ich freigesprochen?"

„Mein lieber Bruckner", lautete die Antwort, „das kann jeden Tag geschehen. Längst hast du, der Schüler, mich, den Lehrer, übertroffen. Es gibt wirklich nichts mehr, was ich dich lehren könnte." Das Urteil war wie ein Freibrief für eigenständiges Komponieren und schöpferische Experimente. Bruckner fühlte sich wie ein Kettenhund, der sich von seiner Fessel losgerissen hatte, und der Raum war frei für das erste große weltliche Chorwerk „Germanenzug" und die berühmte d-Moll-Messe, die 1864 in der Domkirche in Linz zum ersten Mal erklang. Bischof Franz Josef Rudigier, ein Förderer Bruckners, gestand: „Die Musik hat mich so gefesselt, dass ich während ihres Erklingens nicht beten konnte."

Gaumenfreuden

„Wann i arbeiten soll, muss i auch gfuttert werdn", pflegte Anton Bruckner zu sagen. Im „Schwarzen Bock" in Linz löffelte er seelenruhig drei Teller Krebsensuppe, zwei Portionen gefüllte Kalbsbrust und am Freitag einen sogenannten „Eierfisch" mit acht Eiern, „Fleckerlspeis" und „Beinfleisch". Als „Nachspeis" verschlang er einmal sechzehn große „Zwetschenpovesen". „Abgschmalzene Nudeln", „Erdäpfelnudeln", „Zwetschenknödeln", „Apfelschlangel" und „Apfelradeln" fanden häufig Eingang in Bruckners Magen, dazu trank er „Apfel- und

Bruckner wusste die österreichische Küche sehr zu schätzen

Landlbirn", Most und in Wien Pilsener Bier. Kam er erst spät ins Gasthaus, saß Anton Bruckner noch lange mit Freunden zusammen. Brach jemand zum Heimweg auf, so konnte er den anderen Zechkumpanen raten: „Geht's, bleibt's noch a wengerl da, es ist soviel lustig." Das hinderte ihn nicht, selbst vor Müdigkeit ein wenig einzunicken und laut zu schnarchen.

„Darf ich auf Sie hoffen?"

Bruckner schrieb am 16. August 1866 an Josefine Lang: „Sehr verehrtes, liebenswürdiges Fräulein! Nicht als ob ich mich mit einer Ihnen befremdeten Angelegenheit an Sie, verehrtes Fräulein wenden würde, nein, in der Überzeugung, dass Ihnen längst mein stilles, aber beständiges Harren auf Sie bekannt ist, ergreife ich die Feder, um Sie zu belästigen. Meine größte und innigste Bitte, die ich hiermit an Sie, Frl. Josefine zu richten wage, ist, Fräulein Josefine wollen mir gütigst offen und aufrichtig Ihre letzte und endgültige, aber auch ganz entscheidende Antwort schriftlich zu meiner künftigen Beruhigung mitteilen und zwar über die Frage: Darf ich auf Sie hoffen und bei Ihren lieben Eltern um Ihre Hand werben? Oder ist es Ihnen nicht möglich aus Mangel an persönlicher Zuneigung mit mir den ehelichen Schritt zu tun?"

„Weil die gegenwärtige Weltlage
geistig gesehen Schwäche ist,
flüchte ich zur Stärke und schreibe
kraftvolle Musik."

Anton Bruckner

Anton Bruckner in einem Porträt von Ferry Bératon, 1890

Höflich, aber unbeholfen

Ungern erinnerte sich Anton Bruckner auch an eine Episode aus seinen letzten Linzer Jahren. Er unterrichtete die Tochter eines Statt-
haltereirates in Klavierspiel und Gesang. Die adelige Familie bat ihn
gelegentlich, mit ihr die Nachmittagsjause einzunehmen. Mit übertrie-
bener Höflichkeit bedankte sich der Gast für jeden Schluck Kaffee,
jedes Stückchen Gugelhupf. Sein geziertes Gerede klang so albern,
dass die Kinder des Hauses in ihre Servietten hineinkicherten. „Dank
schön, dank tausendmal, i kann wirkli nimmer, Frau Baronin, wirkli
nimmer, mir graust schon." Die angeborene Unbeholfenheit, die ihm
manche Chance bei Frauen verbaute, kam auch in manchen Briefen
zum Ausdruck.

Im Kreise der Damen

Bruckner fühlte sich des Öfteren von der Liebe geführt. Er war zwar kein weltgewandter Plauderer noch ein sogenannter „guter Gesellschafter". Im Kreise von Damen fühlte er sich manchmal recht unwohl und benahm sich mit rührender Unbeholfenheit. Bei einem ihm zu Ehren gegebenen Essen saß er einem anmutigen, mit ausgesuchtem Geschmack gekleideten Mädchen gegenüber. Wiederholt versuchte die Schöne, mit ihrem berühmten Tischgenossen ins Gespräch zu kommen. Es wollte nicht gelingen. Schließlich fasste sie sich ein Herz und klagte: „Aber, hochverehrter Herr Professor, Sie würdigen mich ja kaum eines Blickes, geschweige denn eines Gespräches. Und dabei habe ich mich Ihnen zu Ehren besonders schön gemacht und mein neuestes Kleid angezogen!" Jetzt noch mehr verlegen, stotterte Bruckner: „Aber, mein liabe Fräuln, wegen meiner hätten S'doch überhaupt nix anziagn brauchen!"

Vorbilder und Abgötter

Eine besondere Phase in Bruckners Leben war die Bekanntschaft mit Richard Wagner nach dessen Opern-Aufführungen im Linzer Landschaftlichen Theater. Am 19. Juni 1865 hörte er in München die dritte Aufführung des „Tristan". Bruckner war dem großen Meister nachgereist. Er verehrte Wagner abgöttisch, aber auch die Komponisten der Klassik wie Joseph und Michael Haydn, Wolfgang Amadeus Mozart, Ludwig van Beethoven und die der Hochromantik wie Franz Schubert, Carl Maria von Weber und Robert Schumann fanden seine Bewunderung. Die Gräber der letztgenannten Komponisten suchte er regelmäßig am Allerseelentag auf, und als die Exhumierung und Umbettung zweier Tondichter anstand, wollte er unbedingt dabei sein.

Schuberts Schädel

Am 12. September 1888 sollten Franz Schuberts sterbliche Überreste auf dem Währinger Friedhof zu Wien geborgen werden, um sie in das Ehrengrab auf dem neuen Zentralfriedhof zu überführen. Bei diesem Anlass wurde in Anwesenheit einer kleinen Gemeinde von Verehrern auch der Schädel des Liederfürsten wissenschaftlich vermessen, foto-

Ein großes Vorbild für Bruckner: Franz Schubert

grafiert und dann in den neuen Sarg gelegt. Bruckner war zeitlebens ein glühender Schubertianer und daher auch Zeuge dieser Stunde. In seiner umständlichen schüchternen Weise bat der Herr „Professor" schließlich um die hohe Vergünstigung, den Totenschädel selbst in die Hand nehmen zu dürfen. Zärtlich und lange ließ er die Hand auf ihm ruhen und blieb fortan stolz darauf, als letzter Sterblicher die Gebeine des unsterblichen Schubert berührt zu haben.

Posthume Begegnung

Bei der Überführung Beethovens handelte Bruckner ganz ähnlich. In inniger Liebe presste er lange und leidenschaftlich den Schädel des großen Komponisten an sich. In der Presse erschien folgender Beitrag: „Als Beethoven am Währinger Friedhof ausgegraben und nach dem Zentralfriedhof übertragen wurde, forderte Bruckner mich auf, mit ihm nach Währing zu fahren. Schon für etwa eine Stunde vor der Zeit hatte er einen Wagen bestellt und so kamen wir natürlich viel zu früh an. Während das Grab wieder aufgegraben wurde und als dann der Sarg zum Vorschein kam, sah Bruckner aufmerksam allem zu, natürlich ebenso, als der Sarg dann geöffnet wurde und die Gebeine Beethovens sichtbar waren.

Beethovens endgültige Ruhestätte auf dem
Zentralfriedhof in Wien

Der Sarg mit dem Skelette wurde dann in die Totenkammer gebracht, wo nur eine Kommission von Ärzten Zutritt hatte, um wissenschaftliche Untersuchungen und Messungen vorzunehmen. Trotz des Verbots, andere Leute einzulassen, erzwang Bruckner den Eintritt in die Kapelle; ich schlüpfte hinter ihm auch hinein. Bruckner ging bis zum Sarg und betastete den Schädel Beethovens und nahm ihn schließlich in beide Hände. Als ein Arzt ihm das untersagen wollte, sagte Bruckner wie im Selbstgespräch ‚Nicht wahr, lieber Beethoven, wenn du noch lebtest, würdest du mir erlauben, dich anzugreifen, und die fremden Herren wollen es mir verbieten.'"

Die Prüfung

Prof. Dr. Ernst Décsey erinnerte sich 1932 im „Neuen Wiener Tagblatt" anlässlich einer Tagung an Anton Bruckner und schrieb: „Ich liebte ihn, ohne ihn zu kennen, reichte ein Gesuch um Nachlass des Schulgeldes bei der Direktion ein und musste warten. Unterdessen begann bereits der Unterricht, ich versäumte zu meinem Leidwesen die ersten Stunden; aber einer der Glücklichen, die sie besuchen konnten, kam ins naheliegende Café und erzählte dort von Bruckners Meinungen und Taten. Bruckner lehrte Sechters Theorie und richtete an Zuspätkommende regelmäßig eine Frage, von der die Aufnahme abhing:

‚Wann sind im strengen Satz verdeckte Quinten erlaubt?‘ – Die Antwort war: ‚Dann, wenn eine Stimme stufenweise geht, die andere in die Dominante springt, also die sogenannten Hornquinten e–c, g–d.‘ Wer es nicht wusste, wurde unbarmherzig ‚hinausgetan‘.

Mein Gesuch wird endlich erledigt. Ich mache bei der amtlichen Kommission die Aufnahmeprüfung und finde mich zur Unterrichtsstunde bei Bruckner ein. Die Tür öffnet sich, herein schiebt sich massigen Leibes, gewaltig, wuchtig, der Meister. Den Schlapphut ziehend, macht er seinen Scholaren eine freundliche Verbeugung. Sein Lächeln bleibt plötzlich stecken, sein Antlitz versteint – er hatte in der Herde ein fremdes Tier, eben mich, entdeckt. ‚Was willst denn du da?‘, fährt er mich mit rauer Bauernstimme an und schlägt abwehrend mit dem Hut nach mir. Ich erklärte stammelnd die Situation und fügte hinzu, ich hätte übrigens die offizielle Aufnahmeprüfung gemacht. ‚Bei mir musst die Prüfung machen, verstehst? Was die dich geprüft haben, die Herren vom Conservatoire,‘ (er sprach das Wort in einem geringschätzigen Französisch: Conservatoaar) ‚das ist mir gleich! Da stellst dich hinauf.‘ Ich stellte mich an die Schultafel und er fragte mich, während er die Klasse schlau anblinzelte: ‚Also, sag’ mir einmal: Wann sind – im strengen Satz — die verdeckten Quinten erlaubt?‘ Er wechselte Blicke mit den Scholaren, sicher, dass ich ahnungsloser Neuling über die verfängliche Frage stolpere. Ich malte die zwei Hornquinten hin, erklärte das Nötige, entwickelte meine im Café gesammelte Wissenschaft: Die eine Stimme muss stufenweise gehen, die andere macht einen Terzensprung

Das älteste Bruckner-Denkmal befindet sich im oberösterreichischen Steyr. Es wurde 1898 enthüllt.

in die Dominante – und ihm fiel sozusagen dabei der Unterkiefer herab. ‚Großartig!' Er öffnete die Arme, zog mich an seine Brust, drückte mich ans Herz und rief: ‚Du bist die Perle des Jahrhunderts!' Ich musste mich an die Schultafel setzen, ganz oben auf den Ehrenplatz neben ihm. Er bewunderte mich. Ein Mensch, der Sechter kannte! Dass mir das ein Mitschüler verraten hatte, darauf kam dieser nur die größten Intervalle denkende Geist in seiner Einfalt nicht."

Nicht überanstrengen!

Simon Sechter war ein österreichischer Musiktheoretiker, Musikpädagoge, Organist, Dirigent und Komponist. Bei ihm nahm Anton Bruckner nebenbei sechs Jahre Kompositionsunterricht. Er warnte seinen Schüler sogar, sich nicht zu überanstrengen. „Ihre 17 Hefte mit Arbeiten über den doppelten Contrapunct habe ich durchgesehen und mich mit Recht über Ihren Fleiß gewundert, sowie über die Fortschritte, die Sie darin gemacht haben. Damit Sie aber in Gesundheit nach Wien kommen können, ersuche ich Sie, sich mehr zu schonen und sich die nötige Ruhe zu gönnen. Ich bin ja ohnehin von Ihrem Fleiße und Ihrem Eifer überzeugt, und möchte daher nicht haben, dass Ihre Gesundheit durch zu große geistige Anstrengung zu leiden hätte. Ich fühle mich gedrungen Ihnen zu sagen, dass ich noch gar keinen fleißigeren Schüler hatte als Sie."

Porträt Anton Bruckners von
Hermann von Kaulbach, 1885

Druck des Gesamtverzeichnisses von Bruckners Werken von 1894

Die Bäurin und das Hendl

Wie erklärt man den Schülern eigentlich das Wesen der Fuge? Anton Bruckner hatte da einen sehr anschaulichen Vergleich gefunden: „Da haben Sie gewiss schon gesehen, wie a Bäurin a Hendl abfangt. Das Hendl rennt, die Bäurin rennt, das Hendl schreit, die Bäurin schreit. Beide versuchen einander den Weg abzuschneiden. Sehen S', das ist die Fuge: ein ewiges Haschen und Fliehen der beiden Stimmen, von denen jede eigene ihre eigene Melodie führt. Denn Fuge heißt ja Flucht."

Glück gehabt

Im August 1871 reiste Bruckner nach London. Noch zu später Stunde zog es ihn in die Royal Albert Hall, die dortige Orgel auszuprobieren. In den Dampfmaschinen, die die mächtigen Blasbälge bewegten, war das Feuer schon erloschen. Der Direktor ließ den Gast probieren, so lange es der noch vorhandene Dampf erlaubte. Doch bald musste er entmutigt feststellen, dass ein Organist, der alle Register zog und voll in die Tasten griff, mehr Energie verbrauchte. Und so ließ er die Kessel wieder anheizen und lauschte ergriffen dem Orgelspiel noch lange über Gebühr. Am nächsten Abend überzog Bruckner die angesetzte

Albert Hall.
LONDON

Albert Memorial.

Die Royal Albert Hall in London

Aufführungszeit seines Konzert. – Zu seinem Glück, denn die Untergrundbahn, mit der er hatte fahren wollen, stieß mit einem anderen Zug zusammen. Es gab zahlreiche Schwerverletzte.

Überwältigende Erfolge

Bruckners Erfolge in London überstiegen seine Erwartungen bei Weitem. Überall wurde sein Meisterspiel gelobt, und der Künstler gastierte in den besten gesellschaftlichen Kreisen der Stadt. Eine Lady machte ihm sogar einen Heiratsantrag. Davon aber nahm der Auserwählte Abstand, denn sie war ihm „z'wenig sauber und i hab s'stehen lassen". Ob er seiner Schwester Anna Maria davon berichtete, ist nicht überliefert. Auch dass er nach einem Konzert im Kristallpalast von begeisterten Zuhörern auf den Schultern aus dem Saal getragen worden sei, erzählte er nur einem auserwählten Kreis, schließlich konnten sich die Zuhörer vorstellen, welches Bild er bei dieser Prozedur wohl abgegeben hatte.

Buhlen um Aufmerksamkeit

Bruckners Wagner-Verehrung übertraf das normale Maß der Zuneigung. Auf das erste Blatt seiner 3. Sinfonie d-Moll schrieb er: „Seiner Hochwohlgeboren Herrn Richard Wagner, dem unerreichten, weltberühmten und erhabenen Meister der Dicht- und Tonkunst, in tiefster Ehrfurcht gewidmet von Anton Bruckner." Zunächst hatte Bruckner auf die Bitte, Wagner die neuesten Werke vorlegen zu dürfen, keine Antwort erhalten. Während eines Kuraufenthaltes in Marienbad kam ihm der Gedanke, von dort direkt nach Bayreuth zu fahren. Richard Wagner war mit dem Bau des Festspielhauses beschäftigt und lehnte eine Begutachtung von Bruckners Partituren schlichtweg ab. Aber er kannte die Beharrlichkeit des Besuchers nicht. Auf sein Drängen schaute der berühmte Opernkomponist wenigstens flüchtig in die Noten der 2. Sinfonie c-Moll, stutzte und sagte: „Recht gut!" Beim Blick in die 3. Sinfonie entrang sich ihm ein „Schau, schau, ah was! Ah was!" Dann nahm er die Werke zur näheren Begutachtung mit nach Hause. Er würde dem Bittsteller später Nachricht geben.

Die Begegnung von Wagner und Bruckner in Bayreuth,
gestaltet vom Silhouettenkünstler Otto Böhler

„Nur einen kenne ich,
der an Beethoven heranreicht,
und das ist Bruckner."

Richard Wagner

Bierseliges Beisammensein

Anton Bruckner schwebte wie auf Wolken. Er irrte planlos durch die Straßen Bayreuths, kletterte auf dem Festspielbauplatz herum und vergaß Ort und Zeit der Zusammenkunft. Voller Kalk und Staub musste ihn ein Diener Wagners schließlich von einem hohen Gerüst herunterholen und notdürftig gereinigt in die Villa Wahnfried begleiten.

„Was? Der Wagner hat dich abgeküsst und umarmt?", fragte Anna Maria später, als der Bruder ihr von seinem Abenteuer erzählte. „Ja, und er hat die Widmung, die ich ihm zugesagt hatte, dankbar angenommen. Stell dir vor, dann haben wir zweieinhalb Stunden gemütlich zusammen gesessen und haben getrunken. Das ‚Weihenstephan', zu dessen Verkostung er mich immer wieder nötigte, ist mir vorzüglich bekommen, hat aber auch seine Wirkung getan. Denn am nächsten Morgen wusste ich nicht mehr, für welche der beiden Sinfonien die versprochene Widmung gedacht war. Schließlich erhielt ich einen freundlichen Brief des Meisters, in dem er für die Widmung der d-Moll-Sinfonie dankte."

Halb Genie, halb Trottel

Bruckner blieb ein treuer „Wagnerianer." Dass er sich diesem großen „Freigeist" anschloss, der statt in die Bibel sich in die Werke Schopenhauers vertiefte, ist ein Wunder. Bruckner in schlichter Herzenseinfalt, ein frommer Katholik, täglich im Gebet mit seinem Gott vereint, verwandt dem Geiste Palestrinas und der mittelalterlichen Mystiker – wie sollte das Zusammenfinden gehen? Nach der Aufführung des „Parsifal" sahen sich beide zum letzten Mal in der Villa Wahnfried. Bruckner kniete vor Wagner nieder und beteuerte: „Meister, i bet Ihna an!" Wagner wiederum lobte Bruckner über den grünen Klee: „Nur einen kenn ich, der an Beethoven heranreicht, und das ist Bruckner." Hans von Bülow, der Schwiegersohn Liszts, meinte allerdings, Bruckner sei „halb Genie, halb Trottel". Der rumänische Dirigent und Musiklehrer Sergiu Celibidache urteilte so: „Am Ende einer Bruckner-Sinfonie erleben wir ein Gefühl der Vollkommenheit – das Gefühl, durch alles gegangen zu sein."

„Lieber Freund, ich habe keine Zeit,
ich muss jetzt meine Vierte schreiben!"

Anton Bruckner gegenüber Otto Kitzler

Beim Friseur

Der Leibfriseur Wagners hieß Schnappauf. Wenn Anton Bruckner nach Wagners Tod in Bayreuth weilte, ließ er sich von Schnappauf rasieren. Einmal bekannte der Friseur: „Es ist doch wahr, was der Meister über Sie erzählt hat." – „So, was hat er denn erzählt?", fragte Bruckner neugierig. „Er hat gesagt, dass Sie der Welt noch etwas zu erzählen hätten." – „So, das hat der Meister über mich gesagt? Käme ich nicht zum Rasieren hierher, würde ich so etwas nie erfahren."

Anton Bruckner in einer Fotografie von 1894

Orgel-Urteile

Anton Bruckner wurde oft um die Bewertung neuer Orgeln gebeten. Besonders schätzte er die Instrumente von Orgelbauer Crismann. Dazu gehörte auch die Stiftsorgel von Sankt Florian. Auch die Orgel im Alten Dom zu Linz und die in der Stadtpfarrkirche zu Steyr fanden sein Wohlwollen. Die alte Orgel in Vöcklabruck hingegen bezeichnete Bruckner als „Kletzentruhen". „Das is do ka Werk net, das is ja a „Werkel" – eine Drehorgel. Kaiser Franz Joseph I. bat den berühmten Organisten, auch die große Orgel in der Wiener Votivkirche zu prüfen. Bruckner erkannte bald die Schwächen des Instrumentes, scheute sich jedoch, Majestät darüber ins Bild zu setzen, denn der Kaiser hatte die Orgel gestiftet. Der der Prüfungskommission ebenfalls angehörige Joseph Hellmesberger brachte das Urteil auf den Punkt: „Majestät, einer geschenkten Orgel schaut man nicht in die Gorgel!" Franz Joseph verstand. Er lächelte. Gekränkt war er nicht.

Kaiser Franz Joseph I., um 1910

Es geht auch anders

Im Sommer 1882 gab der berühmte Orgelvirtuose Lohr aus Budapest
in Sankt Florian ein Konzert. Neben Anton Bruckner lauschte auch
Regens Chori am Schluss den freien Improvisationen. Er verstieg sich
am Ende zu der Behauptung: „So und nicht anders spielt man Orgel!"
Das konnte Bruckner nicht auf sich sitzen lassen. Er eilte sogleich zur
Orgelbank, warf seinen Rock beiseite und begann zu spielen. Tech-
nisch und thematisch gelang ihm der Vortrag so perfekt, dass Lohr
den Meister am Ausgang des Chores kniend mit den Worten empfing:
„Ich beuge mich." Dann fiel er ihm um den Hals und dankte herzlich,
während Bruckner ihn aufrichtete.

Die Wohnung

Am Osterdienstag 1885 traf Anton Bruckner im Vorzimmer des Prälaten den Stiftsorganisten Joseph Gruber. „Ich gedenke zu heiraten", erklärte der Organist, „und bin hier, eine Wohnung zu erbitten." – „Da
habe ich schon vorgesorgt und muss mich nicht weiter bemühen." –
„Haben Sie lange suchen müssen?" – „Nein. Sie ist mir angeboten worden. Ich will einst in der Gruft unter der Orgel beigesetzt werden." –

Die „Bruckner-Orgel" in der Stiftskirche St. Florian

„In der Gruft? Bei den vielen Totenköpfen?" Den erstaunten Blick seines Gesprächspartners wird Bruckner lange nicht vergessen haben.

Kaiserliche Diplomatie

Die 8. Sinfonie widmete Bruckner „Seiner Majestät dem Kaiser Franz Joseph I.". Die Lieblingstochter Seiner Majestät, Marie Valerie, legte dem Vater nahe, die Widmung anzunehmen. Der Komponist sollte mit dem Dirigenten Hans Richter in einer Audienz die entsprechende Einladung zur Uraufführung überreichen. Der Kaiser sagte zu für den Fall, dass es ihm möglich wäre. „Dös heißt in der Hofsprach: ‚Ich werd nicht kommen!' Sonst hätt' der Kaiser bestimmt Ja gesagt." Anton Bruckner behielt mit dieser Einschätzung Recht. Immerhin zahlte der Kaiser nach Annahme der Widmung 3000 Gulden aus seiner Privatschatulle für die Drucklegung des Werkes. Der Aufführung blieb er fern. Die Jagd in Mürzzuschlag war ihm wichtiger.

„Über Bruckner kann ich gar nicht mehr reden,
weil mir jedes Wort fehlt, um zu sagen,
für wie groß und erhaben ich diese Kunst halte."

Richard Wetz, Komponist

Beim „Großmeister"

Einmal erreichte Bruckner eine Einladung des Walzerkönigs Johann Strauss. In seiner unterwürfigen Art sprach der hoch gefeierte Organist und Komponist den Gastgeber als „Großmeister" an, doch Strauß nannte sich im Vergleich zu Bruckner scherzhaft einen „Vorstadtkomponisten". Beide verstanden sich großartig und verbrachten einen langen Abend zusammen.

Lieblingsessen

Das Ehepaar von Mayfeld verbrachte regelmäßig seine Wintermonate im Hotel „Elisabeth" in Wien. Einmal lud es seinen Freund Anton Bruckner in das feine Restaurant „Möbus" ein und ermutigte ihn, nach Belieben die schönsten Gerichte zu bestellen. „Essen Sie, was Ihnen Spaß macht! Hier ist die Speisenkarte!" Frau von Mayfeld kannte Bruckners Vorliebe für gutes Essen. Der aber würdigte die Speisenfolge keines Blickes. Er bestellte „A Geselchts mit Knödel und Kraut!" Und vertilgte gleich drei Portionen davon.

Der Walzerkönig und Hofball-Musikdirektor
Johann Strauss mit seiner Kapelle

Geplante Bestechung

Um den Dank für die Verleihung des „Franz-Joseph-Ordens" abzustatten, erschien Bruckner am 23. September 1886 Punkt elf Uhr bei Seiner Majestät in der vorgeschriebenen Tracht. Als „Ritter des Franz-Joseph-Ordens" fühlte sich der Geehrte recht unwohl. „Wiar i eini kema bin, ist der Kaiser glei lachad wordn", entsann er sich später. Einmal wurde er gefragt, warum er sein „Te Deum" nicht dem Kaiser gewidmet habe. Bruckner erwiderte, das „Te Deum" gehöre Gott, weil es seinen Widersachern immer noch nicht gelungen sei, ihn umzubringen. Und zudem: „Wann 's beim Jüngsten Gericht schief gang, möchte i unserm Herrgott die Partitur vom ‚Te Deum' hinhalten und sagen: ‚Schau, das hab ich ganz allein für dich gemacht!' Nachher wurd i schon durchrutschen."

Der Ehrendoktor

An einem Herbstabend, als Anton Bruckner mit einigen getreuen Universitätshörern aus dem Kreis des Richard-Wagner-Vereins im Wiener Ausflugslokal „Rohrerhütten" beisammen saß, erhielt er die Nachricht, der Kaiser habe seiner Ernennung zum Ehrendoktor zu-

Zu den bekannten geistlichen Werken Bruckners zählt
neben dem „Te Deum" auch die Motette „Pange lingua"

Der Hauptplatz in Linz, zu Bruckners Zeit
bekannt als Franz-Joseph-Platz

gestimmt. Spontan stand Bruckner auf, warf seinen Hut hoch in die Luft und juchzte vor Begeisterung. Endlich erhielt der inzwischen über die Grenzen Österreichs hinaus bekannte Komponist und Organist die Bestätigung für seine unermüdliche kompositorische Arbeit.

In seiner Dankesrede beim Festakt erklärte Bruckner: „I kann net so schön redn wie meine Vorgänger, aber wenn i an Orgel da hätt, da könnt i Ihnen sagen, was i jetzt empfind." 1894 verlieh ihm die Stadt Linz die Ehrenbürgerschaft.

Talent verpflichtet

Bruckner traute sich mehr zu, als er tatsächlich leisten konnte. Der Tag hat nur eine begrenzte Anzahl von Stunden, und wenn der Meister an eine 40-Stunden-Woche gewöhnt war, so musste er neben der üblichen Lehrtätigkeit mit seinen Kräften haushalten. Gerade aber in der „inoffiziellen Zeit" entstanden seine Sinfonien, Chorwerke und Messen. „Kein Mensch hilft mir", schrieb er an Moritz von Mayfeld. Dem späteren Propst des Stiftes Klosterneuburg bekannte Bruckner: „Die wollen, dass ich anders schreibe. Ich könnt's ja auch, aber ich darf nicht. Unter Tausenden hat mich Gott begnadigt und dies Talent mir, gerade mir gegeben. Ihm muss ich einmal Rechenschaft ablegen. Wie stünde ich dann vor unserem Herrgott da, wenn ich den anderen folgte und nicht ihm!"

Vom Alter gebeugt

1891 war Bruckner schon so gebrechlich, dass er die Stiegen in den zweiten Stock zu seiner Wohnung nicht mehr nutzen konnte. Der Kaiser erbarmte sich und wies ihm eine ebenerdige Unterkunft im Kustodenstöckl des Belvedere zu. Ein Satz des Wiener Professors Exner wirkte in Bruckners Leben nach: „Wo die Wissenschaft Halt machen muss, wo ihr unüberwindliche Schranken gesetzt sind, da beginnt das Reich der Kunst. Ich, der Rektor magnificus der k. k. Universität Wien, beuge mich vor dem ehemaligen Unterlehrer von Windhaag!"

Ein Heimgang

Am 11. Oktober 1896 gab Anton Bruckner seine Seele dem Schöpfer zurück. Die Öffentlichkeit wurde über den Tod des Komponisten mit folgenden Worten unterrichtet: „In seinem stillen Heim, das ihm die Munificenz des Kaisers im Belvedere eingeräumt hat, ist gestern Nachmittags um halb 4 Uhr Dr. Anton Bruckner nach langem, schwerem Leiden im 73. Lebensjahre an Herzlähmung gestorben. Der Tod erlöste den greisen Componisten von den Qualen eines asthmatischen Leidens, das ihn seit Jahren peinigte."

Das Belvedere in Wien war Bruckners letzte Wohnstätte

Für den lieben Gott

Bruckner soll seine 9. Sinfonie „dem lieben Gott" gewidmet haben. Dafür gibt es keinen schriftlichen Beleg von seiner Hand, allerdings soll sich Bruckner nach mündlicher Mitteilung seines Arztes, Dr. Richard Heller, überliefert durch Bruckners Biografen August Göllerich und Max Auer, vor seinem Tod folgendermaßen geäußert haben: „Sehen Sie, ich habe bereits zwei irdischen Majestäten Sinfonien gewidmet, dem armen König Ludwig als dem königlichen Förderer der Kunst, unserem erlauchten, lieben Kaiser als der höchsten irdischen Majestät, die ich anerkenne, und nun widme ich der Majestät aller Majestäten, dem lieben Gott, mein letztes Werk und hoffe, dass er mir so viel Zeit schenken wird, dasselbe zu vollenden." Gemeint sind die 7. Sinfonie, die Ludwig II., und die 8. Sinfonie, die Franz Joseph I. gewidmet ist.

Bei Bruckners Ankunft im Himmel, wie Otto Böhler sie sich vorstellte, begrüßen ihn bekannte Komponisten wie Wagner und Schubert

Letztes Geleit und Geläut

Die Nachricht vom Tod Anton Bruckners am 11. Oktober 1896 löste in der Musikwelt ein mediales Beben aus. Mit einem so plötzlichen Ableben hatte wohl niemand gerechnet, auch wenn der Meister immer mehr unter körperlichen Einschränkungen zu leiden hatte. Maßgeblich der Kirche und der Verehrung Gottes hatte seine schöpferische Kraft gedient, denn auch seine Sinfonien waren im Kern ja Gotteslob. Kein Wunder, dass sein Begräbnis von vielen Würdenträgern begleitet wurde. Die gewaltige Orgel, die „Crismanin", entbot ihm ihren Abschiedsgruß, die Klänge der größten Glocke des Stiftes, die sonst nur beim Heimgang eines Abtes läutete, geleiteten den Toten zu seiner letzten Ruhestätte zwischen Totenschädeln und Schienbeinen in der Gruft.

Anton Bruckners Grabplatte

„Non confundar in aeternum –
In Ewigkeit nicht vergehen"

Inschrift des Sockels auf Anton Bruckners Ruhestätte in St. Florian

Biografie in Kürze

1824

Anton Bruckner wurde im oberösterreichischen Ansfelden geboren. Sein Vater war Dorfschullehrer, versah aber auch kirchenmusikalische Dienste. So lernte der Sohn schon früh Violine, Klavier und Orgel spielen. Bereits mit etwa zehn Jahren spielte er gelegentlich die Orgel im Gottesdienst.

1837

Nachdem der Vater gestorben war, schickte die Mutter Anton Bruckner in das Stift des Nachbarortes St. Florian zu den Sängerknaben. Hier erhielt er eine fundierte musikalische Ausbildung.
Anton Bruckner wollte wie sein Vater Lehrer werden und besuchte das vorbereitende Lehrerseminar in Linz.

1841–1843

Mit 17 Jahren wurde Bruckner Schulgehilfe in Windhaag. Neben dem Orgelspiel gehörte auch die Arbeit in der Landwirtschaft des Schulmeisters zu seinen Aufgaben. In Windhaag entstand seine erste Komposition, die „Windhaager Messe".

1843–1845

Aufgrund von Konflikten mit seinem Vorgesetzten wurde Bruckner nach Kronstorf versetzt. Der Vorwurf gegen ihn lautete, er habe zu viel auf der

Orgel improvisiert und komponiert und darüber seine anderen Pflichten vernachlässigt.

1845–1855

Bruckner bestand die Lehrerprüfung und begann als Hilfslehrer in der Schule von Sankt Florian zu arbeiten. Hier bildete er sich weiter und erhielt 1855 die Erlaubnis zum Unterricht an höheren Schulen.

Immer stärker widmete sich Bruckner der Musik. 1851 wurde er zum Stiftsorganisten von Sankt Florian ernannt. Er komponierte u.a. sein Requiem, seine Missa solemnis, Psalmvertonungen und Motetten.

1854

Reise nach Wien zu einer Orgelprüfung beim Hofkapellmeister Ignaz Aßmeier, die Bruckner mit großem Erfolg bestand.

1855

Bruckner wurde Schüler des renommierten Professors für Generalbass und Kontrapunkt Simon Sechter.

1855–1868

Bruckner hängte den Lehrerberuf an den Nagel, nachdem er die Stelle als Domorganist der Ignatiuskirche in Linz erhalten hatte. Bei seinem Vorspiel überzeugte er mit seiner virtuosen Orgelimprovisation.

In Linz entwickelte er sich zu einem umjubelten Orgelimprovisator und immer stärker auch zum Komponisten.

1860

Bruckner übernahm die Leitung des Männerchors „Liedertafel Frohsinn", für den er zahlreiche Werke komponierte.

1861

Abschluss des Musiktheoriestudiums bei Simon Sechter; die Abschlussprüfung bestand Bruckner glänzend.

1862–1863

Bruckner nahm zusätzlichen Unterricht im freien Komponieren bei Otto Kitzler, er komponierte seine ersten größeren Instrumentalwerke.

1864–1868

Bruckner schuf seine ersten Meisterwerke: die Messen in d-Moll, e-Moll und f-Moll und die Sinfonie Nr. 1 c-Moll.

1865

Erste Begegnung mit Richard Wagner, den Bruckner sehr verehrte.

1868–1896

Bruckner bewarb sich um die Stelle als Professor für Musiktheorie und Orgelspiel am Wiener Konservatorium sowie um die Stelle des Wiener Hoforganisten, die er auch erhielt. Seine e-Moll-Messe und die f-Moll-Messe erhielten bei der Uraufführung viel Beifall.
Bruckner unternahm erfolgreiche Orgel-Konzertreisen nach Nancy, Paris (1869) und London (1871).

1870er Jahre

Die Sinfonien Nr. 2 c-Moll und Nr. 3 d-Moll wurden Misserfolge. Die Wiener Musikkritiker waren zunehmend negativ gegenüber Bruckner eingestellt und nahmen ihn als „Wagnerianer" und Gegenspieler zu Johannes Brahms wahr.

Ab 1875

Bruckner hielt an der Wiener Universität sehr gut besuchte Vorlesungen zur Musiktheorie.

1880er-Jahre

Die Sinfonien Nr. 4 Es-Dur und Nr. 7 E-Dur und das Te Deum wurden erfolgreich uraufgeführt. Die Anerkennung für Bruckner wuchs. Kaiser Franz Joseph I. verlieh ihm für das Te Deum das Ritterkreuz des Franz-Joseph-Ordens.

Ab Ende der 1880er Jahre

Bruckner litt zunehmend unter gesundheitlichen Problemen wie Diabetes und einer Herzschwäche.

1891

Bruckner ging als Konservatoriumsprofessor in den Ruhestand.
Er wurde Ehrendoktor der Universität Wien.

1892

Bruckner zog sich vom Posten des Hoforganisten zurück.

1895

Kaiser Franz-Joseph I. ließ Bruckner mietfrei im Schloss Belvedere wohnen, wo er sein letztes Lebensjahr verbrachte.

1896

Anton Bruckner starb am 11. Oktober. Er wurde in der Stiftsbasilika von St. Florian beigesetzt. Sein Sarkophag befindet sich unterhalb der Orgel.

Literatur

Hans Commenda: Geschichten um Anton Bruckner, Linz 1946

Karl Kobald: Erinnerungen an Anton Bruckner. Aus: „Österreichische Musikzeitschrift, Band 1, Heft 9, 1946 Böhlau Verlag GmbH & Co. KG, 2013

Ernst Decsey: Anekdoten um Anton Bruckner. Aus: „Österreichische Musikzeitschrift", 1946. Böhlau Verlag GmbH & Co. KG, 2013. Veröffentlicht vom Böhlau Verlag, 1. September 1946

Österreichisches Musiklexikon, www.musiklexikon.ac.at/ml

„forum oö geschichte" Virtuelles Museum Oberösterreich, www.ooegeschichte.at/

Bildnachweis:
S. 6: © Isiwal/ Wikimedia Commons/ CC BY-SA 3.0, S. 9, 10, 47, 66, 69, 77, 90:
© stock.adobe.com/christine krahl, S. 12: © stock.adobe.com/acrogame, S. 16:
© stock.adobe.com/Dmitry, S. 18: © stock.adobe.com/AVR SCR, S. 23: © Wolfgang
Sauber/ Wikimedia Commons/ CC BY-SA 4.0, S. 26: © stock.adobe.com/Karin,
S. 29: © Wolfgang Sauber/ Wikimedia Commons/ CC BY-SA 3.0, S. 45: © stock.
adobe.com/Natalya Levish, S. 52: © stock.adobe.com/Zlatko Guzmic, S. 54: © stock.
adobe.com/Przemyslaw Iciak, S. 57: © stock.adobe.com/Ralph, S. 75: © C. Stadler/
Bwag, CC-BY-SA-4.0., S. 89: © stock.adobe.com/franke 182, Bilderrahmen: © stock.
adobe.com/Yunmi

Bibliografische Information der Deutschen Nationalbibliothek
Die Deutsche Nationalbibliothek verzeichnet diese Publikation
in der Deutschen Nationalbibliografie; detaillierte bibliografische
Daten sind im Internet über http://dnb.d-nb.de abrufbar.

Besuchen Sie uns im Internet:
www.st-benno.de

Gern informieren wir Sie unverbindlich und aktuell auch in
unserem Newsletter zum Verlagsprogramm, zu Neuerscheinungen
und Aktionen. Einfach anmelden unter www.vivat.de.

ISBN 978-3-7462-6597-1

© St. Benno Verlag GmbH, Leipzig
Umschlagabbildung: © stock.adobe.com/OMIA (Porträt Bruckner), © mogilami/
shutterstock (Rahmen)
Gestaltung und Gesamtherstellung: Ufer Verlagsherstellung, Leipzig (A)